Ô CANADA!
Notre hymne national

Les éditions Scholastic

Ô Canada!

Terre
de nos aïeux,

Ton front
est ceint

de fleurons glorieux!

Car ton bras sait porter l'épée,

Il sait porter
la croix!

Ton histoire est une épopée

Des plus brillants exploits.

Et ta valeur,

de foi
trempée,

Protégera nos foyers

et nos
droits.

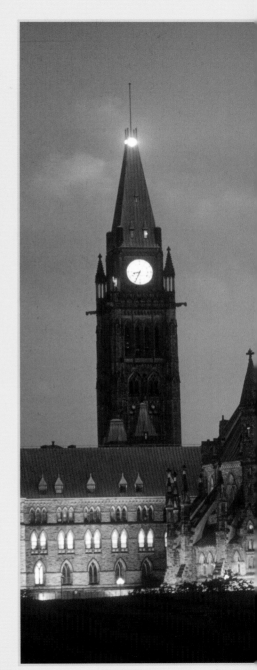

Protégera
nos foyers
et nos droits.

Ô Canada

1880 — Il était une fois une mélodie…
La musique de notre hymne national

Tout a commencé par une mélodie.

Calixa Lavallée naît en 1842 à Verchères (Canada-Est). Son père est forgeron, mais il répare également des instruments de musique et dirige des groupes de musiciens. Il n'est donc pas surprenant que ses enfants aient du talent pour la musique. À l'âge de 13 ans, Calixa se rend à Montréal pour y étudier le piano. Deux ans plus tard, il part jouer aux États-Unis. Son succès lui vaut un engagement pour une tournée en Amérique du Sud, au Mexique et aux Antilles.

À l'âge de 30 ans, il revient à Montréal, où il participe à des concerts en tant que pianiste, violoniste et cornettiste. Il a même l'occasion d'aller étudier en France pendant deux ans. À son retour, il ouvre un atelier, donne des concerts et fait de fréquents séjours aux États-Unis.

C'est en 1880, alors que Calixa Lavallée est un musicien, compositeur et professeur réputé, que le lieutenant-gouverneur du Québec lui demande de composer une pièce musicale qui sera jouée lors d'un banquet officiel. Il lui faut composer plusieurs mélodies avant que ses amis en accueillent une avec enthousiasme. C'est l'air que nous connaissons. On raconte que, dans son énervement, le compositeur se serait précipité pour montrer la partition au lieutenant-gouverneur, oubliant de la signer.

...et un poème.
Les paroles
de notre hymne national

Pendant que Calixa Lavallée travaille à la mélodie, le lieutenant-gouverneur demande à Adolphe Routhier, juge et poète de renom, d'écrire un poème qui correspondra à cette mélodie.

Né en 1839 à Saint-Placide (Bas-Canada), Adolphe-Basile Routhier a étudié en droit. En 1880, quand il accepte d'écrire un poème pour le banquet, il est le président du Congrès national des Canadiens-Français, qui organise justement l'événement. Le choix du lieutenant-gouverneur est donc tout à fait approprié.

Le texte créé par Routhier est le *Ô Canada!* Les paroles que nous chantons aujourd'hui en français sont exactement les mêmes que celles du magnifique poème de Routhier, écrit il y a tant d'années. Pas un mot n'a été modifié.

Le chant *Ô Canada!*, dont la musique est de Calixa Lavallée et les paroles d'Adolphe-Basile Routhier, est interprété pour la première fois le 24 juin 1880, devant un auditoire de plus de 3000 personnes, au banquet du Congrès national des Canadiens-Français qui se tient au Pavillon des Patineurs de la ville de Québec.

1908 — Finalement, la version anglaise…
Notre hymne national en anglais

On ne trouve aucune mention d'une version anglaise du *Ô Canada!* pendant plus de 25 ans après la première interprétation de la version française. Enfin, en 1906, un médecin torontois traduit les paroles françaises. Puis, en 1908, le magazine *Collier's Weekly* organise un concours pour la composition d'un texte en anglais. Suivent ensuite plusieurs versions, dont celle de Wilfred Campbell, poète réputé. Cependant, ce sont les paroles très simples composées par Robert Stanley Weir en 1908 qui seront retenues.

Weir naît à Hamilton (Canada-Ouest) en 1856. Il étudie à Montréal et devient avocat, puis juge. En plus d'écrire des textes juridiques, il rédige de la poésie. En 1908, alors juge à la cour municipale de Montréal, il écrit une version anglaise du *Ô Canada!* à l'occasion du tricentenaire de la fondation de la ville de Québec.

Ces paroles sont publiées de façon officielle, avec quelques modifications, à l'occasion du soixantième anniversaire de la Confédération, en 1927. D'autres changements au premier couplet sont recommandés par un comité spécial mixte du Sénat et de la Chambre des communes en 1968.

Le 1er juillet 1980, un siècle après avoir été chanté pour la première fois en français, le *Ô Canada!* est proclamé hymne national du Canada. Le premier couplet du poème de Weir est adopté comme version officielle, et ce sont ces paroles qui sont chantées de nos jours en anglais.

Catalogage avant publication de la Bibliothèque nationale du Canada
Ô Canada!.

Comprend les paroles françaises de l'hymne national
accompagnées de photographies du Canada.
Comporte aussi les paroles anglaises de même
que des biographies du compositeur et des auteurs
des versions française et anglaise.
Publ. aussi en anglais sous le même titre.
ISBN 0-439-97446-1

1. Canada — Ouvrages illustrés. 2. Lavallée, Calixa, 1842-1891. Ô Canada
-Ouvrages pour le jeunesse. 3. Hymnes nationaux — Canada — Textes.

FC58.O214 2003   j917.1'0022'2   C2002-905091-X
F1008.2.O214 2003

Édition publiée par Les éditions Scholastic, 175 Hillmount Road,
Markham (Ontario) L6C 1Z7 CANADA.

6 5 4 3 2 1   Imprimé au Canada   03 04 05 06 07

Crédits photographiques

Couverture : en haut à gauche : Paul Isaac, Sunscape Design; en
haut à droite : EyeWire Inc; en bas à droite : PhotoDisc; en bas à
gauche : © Garry Black, Wonderfile.

Quatrième de couverture, à gauche :
Commission canadienne du tourisme; au centre :
Douglas E. Walker, Tourism Saskatchewan; à droite : Stockbyte.

Pages 2 et 3 : Elizabeth Hak, Doodleshak Photography.
Page 4, à gauche : Corbis; à droite : Comstock Images.
Page 5 : ImageState.
Page 6 : © Rommel, Masterfile.
Page 7, à gauche et à droite : Commission canadienne du tourisme.
Page 8 : Douglas E. Walker, Tourism Saskatchewan.
Page 9, à gauche : Commission canadienne du tourisme; à droite :
Manon Pageau.
Page 10 : © Bill Clarke.
Page 11 : Corel
Page 12 : © David Cattanach, Painet Inc.
Page 13 : © Mirrorlock Photography.
Page 14 : Commission canadienne du tourisme.
Page 15, à gauche : Corel; à droite : EyeWire Inc.
Page 16, en haut : Comstock Images; en bas : © Mirrorlock
Photography.
Page 17 : Commission canadienne du tourisme.
Page 18 : Commission canadienne du tourisme.
Page 19, en haut : © John Sylvester Photography; en bas :
© J.A. Wilkinson, Valan Photos.
Page 20 : © John Sylvester Photography.
Page 21, à gauche : AbleStock; à droite : © 2002 Heiko Wittenborn.
Page 22 : AbleStock.
Page 23 : Stockbyte.
Page 24, à gauche : © Niall Benvie, Nature Picture Library; à droite,
en haut et en bas : Commission canadienne du tourisme.
Page 25, à gauche : Pat Kramer; au centre : www.PerfectPhoto.ca,
Rob vanNostrand; à droite : Corel.
Pages 26 et 27 : © Jean-Guy Lavoie, Tourisme Québec.
Page 29, à gauche : Archives nationales du Canada; à droite :
Division de la musique de la Bibliothèque nationale du Canada.
Page 30 : Bibliothèque nationale du Canada.
Page 31 : Matthew Farfan Collection.

Page 28 : composition de la partition par Trevor P. Wagler, Flamingo
Soup Music Publishing and Productions, Inc.